U0601076

儿童语言
表达课

周一凡 / 著

北方联合出版传媒(集团)股份有限公司
万卷出版公司

图书在版编目（CIP）数据

儿童语言表达课／周一凡著. -- 沈阳：万卷出版公司，2022.1
ISBN 978-7-5470-5807-7

Ⅰ.①儿… Ⅱ.①周… Ⅲ.①语言教学－小学－教学参考资料 Ⅳ.①G624.203

中国版本图书馆CIP数据核字(2021)第212496号

出版发行：北方联合出版传媒（集团）股份有限公司
　　　　　万卷出版公司
　　　　　（地址：沈阳市和平区十一纬路25号　邮编：110003）
印 刷 者：北京昊鼎佳印印刷科技有限公司
经 销 者：全国新华书店
幅面尺寸：145mm×210mm
字　　数：110千字
印　　张：5
出版时间：2022年1月第1版
印刷时间：2022年1月第1次印刷
责任编辑：齐丽丽
责任校对：张兰华
策划编辑：马剑涛　徐红有
封面设计：尧丽设计
ISBN 978-7-5470-5807-7
定　　价：42.00元
联系电话：024-23284090
传　　真：024-23284448

常年法律顾问：王　伟　版权所有　侵权必究　举报电话：024-23284090
如有印装质量问题，请与印刷厂联系。联系电话：0316-2010400

前言

　　语言学习是其他学科的基础，练习语言表达技能是每一位孩子的必修课。在德、智、体全面发展的当下，儿童的语言表达能力也越来越受到关注。

　　你是不是觉得自己很有想法，可是又不知道如何向爸爸妈妈表达自己的意见？你很想把同伴说服，但又不会组织语言？其实，只要进行一些语言表达的训练，这些问题都可以得到解决。

　　本书聚焦了现实生活中孩子们沟通交流的真实需求，以明确的主题展开相关内容，重点在于培养孩子的关键表达能力。每个小节一个主题，更具针对性地帮助孩子全面提升表达能力。书中所设置的学习内容富有挑战性和趣味性，能够吸引孩子的目光，让孩子快乐练习。

　　当然，教孩子学会语言表达，并不是要求孩子们能像主持人一样口若悬河、字字珠玑，而是帮助他们在遇到问题时，能够尽快找到解决方案，摆脱不知道说什么、怎么说的窘境。语言表达训练是一项需要长期坚持的事情，这里我们只是讲解了训练的方法，真正的实践和练习需要孩子们在平时不断坚持。所谓"授人以鱼，不如授人以渔"，希望本书能够帮助孩子们获得更强大的表达能力，陪伴他们更加健康、快乐地成长。

目录

第1课　准备一个笔记本

积累 时间越久，素材越多

　　语言能力的培养和提高，不是一朝一夕的事情。在学习表达的过程中，我们需要不断积累各种素材。只有积累了足够多的语言"材料"，才能随时随地把话说好。

预备动作

1. 选择一个安静的房间（有独立书房的话更好）。
2. 准备一个笔记本和一支笔。
3. 在书桌前坐下来，做好阅读的准备。

> **小提示**　安静、简洁的读书环境，更有助于我们集中注意力。在准备阅读之前，要把书桌上分散注意力的东西都收起来。

凿壁偷光

西汉时期，有一个名叫匡衡的人。他小的时候，家境贫寒，父母根本无力供他上学读书。

因为没钱买书，匡衡就四处借书读。到了农忙时节，匡衡主动到大户人家中干活，他干活不要工钱，而是借大户人家的书来看。

匡衡白天要干活，只能利用晚上的时间看书。可是，由于家里买不起蜡烛，匡衡只能借着月光看书。一旦没有月光，匡衡就没法看书了。他为此很苦恼。

一天晚上，匡衡突然发现墙上有一丝亮光。他兴奋地走过去，发现是邻居家的烛光从墙缝里透了过来。

匡衡用小刀在墙上凿了个孔，让更多的光透过来。借着这微弱的烛光，匡衡每天晚上都能读书了。他日复一日地刻苦学习，最终成了西汉有名的学者。

1. 试着将精彩的成语摘抄下来。

_____

_____

_____

2. 写一写这篇文章主要讲的是什么，讲给身边的人听。

_____

_____

_____

第2课　让人听着舒服的嗓音

　　每个人的嗓音都不一样，音色也是千差万别。通常来说，大多数人的嗓音都不尽如人意，存在种种瑕疵，往往会对表达产生影响。想要拥有让人听着舒服的嗓音，就要掌握一些修正音色的方法。

预备动作

1. 准备一个录音设备，找一个安静的房间。
2. 调整情绪，调试嗓音。
3. 邀请家人或朋友参与其中，发现嗓音的不足之处。

练习方法

1. 选择一篇文章，阅读并录音。
2. 让参与其中的家人或朋友提出改正建议，并根据建议不断地调整、改进。

3. 重复练习，直到嗓音修正到令人满意的程度。

　　每个人的嗓音特点不同，有的尖厉，有的厚重，有的微弱，有的单调……在练习的过程中，不能过分强求，只要将嗓音修正到让人听着舒服的程度，就可以了。

第3课　学呼吸，会断句

呼吸的方法和技巧

　　从出生开始，人们就会用鼻子呼吸。很多人觉得，呼吸这种司空见惯的行为，根本没有必要去学。实际上，在表达的过程中，呼吸也是有讲究的。我们只有掌握其中的方法和技巧，才能更好地断句，更精准地表达自己的思想。

预备动作

1. 准备五十根蜡烛和一个打火机。
2. 把蜡烛平稳地摆放在桌子上。
3. 邀请家人或朋友，负责计时。

练习方法

1. 将蜡烛逐一点燃。
2. 深吸一口气。

3. 张嘴去吹蜡烛，直到将气全部呼出为止。

4. 重复第2、第3个步骤，计算一下一分钟内可以吹灭多少根蜡烛。

小提示

　　如果没有蜡烛，可以让家人或朋友为自己计时，看看深吸一口气，再将气全部呼出去，能够持续多长时间。

第4课　平复心情好好说

情绪控制 调整情绪不冲动

　　不知道大家有没有注意到，当心情不好时，人们总会说很多气话。有时候，一言不合，就大声叫嚷。这说明情绪对表达有很大的影响。因此，要想好好说话，把话说好，控制情绪十分重要。

预备动作

1. 准备纸和笔，在房间里平静地坐下来。
2. 回想一下以往发脾气的经历，并写在纸上。
3. 邀请家人参与其中，试着重现写下来的场景。

> **小提示**　参与者的性格不同，在重现场景的过程中表现自然也会有所不同。这个活动的重点不是必须重现糟糕的情绪，而是根据不同的情况，找到相应的解决方案。

孩子和大山

在某个山村里，有一个可爱的孩子。有一天，他来到山谷里，对着大山喊："喂……"

话音刚落，山谷中就传来了"喂……喂……喂……"的回声。

孩子不知道谁在回话，问道："你是谁啊？"

山谷中传来回声："你是谁啊？……"

孩子有点生气，大喊道："你到底是谁？为什么学我说话？"

山谷中传来相同的声音："你到底是谁？为什么学我说话？……"

孩子更加生气了，喊道："你是个讨厌鬼，太讨厌啦！"

山谷给孩子的回应是："你是个讨厌鬼，太讨厌啦！……"

孩子觉得很委屈，哭着跑回了家。他对妈妈说："妈妈，山谷里有一群很讨厌的人，我说他们一句，他们说我很多句。"

妈妈听孩子讲完整件事情后，明白了其中的缘由，便对孩子说："你再到山谷去，对山谷说'我爱你'，看看会有什么结果。"

孩子按照妈妈说的做了，结果听到山谷里传来一声又一声的"我爱你"。

1. 阅读完短文，你得到了什么启发？

_____

_____

_____

2. 和别人沟通的时候，你觉得什么样的态度更受别人
欢迎？

_____

_____

_____

3. 将自己的收获讲给身边的人听。

第5课　我和别人不一样

自我介绍 美好的第一印象

　　初次与人见面，一个好的自我介绍可以帮助我们树立良好的形象。尤其是自己的一些与众不同的特点，会给对方留下更深刻的印象。为了更好地把自己介绍给别人，我们需要进行一些简单的练习。

预备动作

1. 想一想自己想要介绍的内容，写在纸上。

2. 对着镜子练习几遍，尽量记住自我介绍的内容。

3. 邀请爸爸妈妈或同学、朋友一起参与到练习中。

小提示　可以让参与者提前准备几张卡片，写上与自我介绍有关的关键词，以增加练习的趣味性。

我是这样一个人

大家好，我叫×××。我今年×岁，是××学校的一名学生。

我很喜欢画画，每天做完作业之后，都会画一幅画。我手上拿的这幅，就是我自己想象着画出来的。

除了画画，我还喜欢踢足球。在球场上奔跑、出汗的感觉，真的很棒！

有机会的话，希望能和大家一起画画、踢球，也希望大家能够喜欢我。谢谢大家！

1. 上面的自我介绍好在哪里，请写下来吧。

_____

_____

_____

2. 如果让你做自我介绍，你重点会说什么？

_____

_____

_____

3. 完善一下自己的自我介绍，将自己介绍给身边的人。

第6课　听我说说家乡美

景物介绍 我爱我的家乡

俗话说"月是故乡明"，每个人对自己的家乡都有着十分深厚且独特的感情。家乡的一草一木、一砖一瓦，对我们来说都是非常亲切的。将熟悉的家乡景物介绍给身边的人，带着大家一起领略家乡的美，是一件快乐而幸福的事情。

预备动作

1. 借助课本、网络等去发现家乡著名的景点或有名的地方特产，了解相关的知识。

2. 做好笔记，将重点内容记录并整理好。

3. 梳理好语言，将内容熟记下来。

小提示 介绍的时候，一定要带着感情，这样更容易打动人，还要抓住重点，这样才能吸引他人的注意力。

钓台的春昼（节选）

郁达夫

桐庐县城，大约有三里路长，三千多烟灶，一二万居民，地在富春江西北岸，从前是皖浙交通的要道，现在杭江铁路一开，似乎没有一二十年前的繁华热闹了。尤其要使旅客感到萧条的，却是桐君山脚下的那一队花船的失去了踪影。说起桐君山，却是桐庐县的一个接近城市的灵山胜地，山虽不高，但因有仙，自然是灵了。以形势来论，这桐君山，也的确是可以产生出许多口音生硬、别具风韵的桐严嫂来的生龙活脉。地处在桐溪东岸，正当桐溪和富春江合流之所，依依一水，西岸便瞰视着桐庐县市的人家烟树。南面对江，便是十里长洲；唐诗人方干的故居，就在这十里桐洲九里花的花田深处。向西越过桐庐县城，更遥遥对着一排高低不定的青峦，这就是富春山的山子山孙了。东北面山下，是一片桑麻沃地，有一条长蛇似的官道，隐而复现，出没盘曲在桃花杨柳洋槐榆树的中间，绕过一支小岭，便是富阳县的境界，大约去程明道的墓地程坟，总也不过一二十里地的间隔。我去拜谒桐君，瞻仰道观，就在那一天到桐庐的晚上，是淡云微月，正在作雨的时候。

1. 上面这段文字，主要介绍了哪些内容？

_____

_____

_____

2. 请你认真欣赏描写桐君山四周风景的句子，然后试着复述上面这段文字。

第7课　我最喜欢的人

人物介绍 与众不同的那个他/她

　　每个人的心中都有一个最喜欢的人。这个人不仅可以是家人、朋友、老师，还可以是某本书中的人物。这样一个人物，一定有许多与众不同之处，不妨把他/她介绍给身边的人，让更多的人喜欢他/她吧！

预备动作

1. 仔细想一想，你最喜欢的那个人是谁。
2. 准备纸笔，将他/她的形象大致记录或画下来。
3. 多练习几次，对他/她的印象越深刻越好。

小提示　　介绍的时候，对他/她的长相和特征可以进行细致的描述，越是能吸引人的闪光点，越应该成为介绍的重点。另外，将人物带入故事中，更能刻画立体的形象。

对牛弹琴

战国时期，有一位善于弹奏七弦琴的音乐家，名叫公明仪。人们对他十分敬重，也很喜欢听他演奏优美的曲子。

公明仪热爱演奏，有时会将琴带到郊外弹奏。有一天，他正在郊外弹奏乐曲，突然看到一头正在低头吃草的黄牛。公明仪兴致大发，决定为黄牛演奏一曲。他拨动琴弦，很投入地弹奏起来。可是，黄牛对这美好的音乐竟无动于衷，仍然自顾自地低头吃草。

公明仪想可能是黄牛听不懂这首曲子，便换了一首继续弹奏。可是，黄牛依然毫无反应，一直在低头吃草。公明仪觉得难以置信，于是使出浑身解数，将自己会的曲子都弹奏了一遍。结果，黄牛竟然理都不理他，甩甩尾巴走到一边继续吃草去了。

公明仪见黄牛始终无动于衷，心中倍感失望。身边的人劝慰他说："你不要这么难过。并不是你弹奏的曲子不好听，而是黄牛的耳朵分辨不出什么是音乐。"听人们这么说，公明仪无奈地叹口气，说："对牛弹琴，我真是自找没趣。"

1. 按照短文的描述，公明仪是怎样一个人？

_____

_____

_____

2. 从这个故事中，你懂得了什么道理？

_____

_____

_____

3. 将自己的收获与身边的人分享一下吧！

第8课　历史上的今天

史实介绍 历史是一面镜子

历史是一面镜子，能反映出一个国家的兴衰；历史是一幅画卷，真实记录人类社会的变迁。历史上曾经发生的重大变革和重要的历史节点，都不应该被遗忘。牢记一段历史，重温一段史实，和小伙伴们一起在历史的长河中尽情游历吧！

预备动作

1. 从积累的素材中，选择一个最喜欢的历史片段。

2. 筛选可用的资料，尽可能准确且详细地展现那段历史。

3. 将选好的"历史上的今天"做成导图，或是用自己擅长的方式呈现出来。

小提示 为了更好地展现史实，提升记忆效果，我们可以邀请家人或同学进行角色扮演，大家齐心协力，重现当时的情境。

八一建军节的由来

每年的8月1日，是中国人民解放军的建军节。说起它的由来，就不得不提起南昌起义。

1927年8月1日凌晨，一声枪响打破了南昌城的宁静。原来，是以周恩来为书记的中共前敌委员会率领着北伐军两万多人举行了南昌起义。

1933年6月，中共中央、中央革命军事委员会向中华苏维埃共和国临时中央政府提出建议，将南昌起义的日子（也就是8月1日）定为中国工农红军成立纪念日。经过研究，中央革命军事委员会接受这一提议，并发布《关于决定"八一"为中国工农红军成立纪念日》的命令。

从这以后，8月1日就成为中国工农红军和后来的中国人民解放军的建军节。

1. 建军节是8月1日，那你知道建党节是几号吗？

_____

_____

_____

2. 军旗上的图案是什么？给身边的人讲一讲图案有什么含义。

_____

_____

_____

小贴士　　历史知识是不能混淆和篡改的。在记忆和阐述某段历史时，一定要做到慎之又慎，多方考证，力求还原最真实的历史状态。

第9课　好久不见，特意拜访

寒暄 一个温暖的开场白

　　随着社交圈的不断扩大，我们认识的人越来越多。由于某些原因，有些人也许很长时间都不联系，以致彼此之间的关系变得疏远起来。实际上，感情是需要联络的，在某些时候，我们应该主动去拜访朋友。

预备动作

1. 找一个比较安静的环境，坐下来。

2. 好好想一想，有哪些朋友已经很久没有联络了。

3. 将这些人的名字写下来，制订相应的拜访计划。

> **小提示**　　每个人的性格不同，缺乏联络的时长也有所不同，因此要针对不同的人，做出不同的拜访计划，并采取相应的拜访方式。

久违的拜访

马丽转学之后，和好朋友叮当常常通过电话、视频联系。

假期到了，马丽很想和叮当见面，于是请求妈妈带自己去叮当家拜访。妈妈查看了工作计划，发现有空闲的时间，于是就答应了马丽的请求。

得到妈妈的回复之后，马丽非常开心。她精心挑选了一个笔记本，当作礼物送给叮当。在笔记本的扉页上，马丽写道："友谊常在，祝叮当永远开心、漂亮。"马丽还将最近一个学期的趣事、见闻等整理在本子上，想要和叮当分享。

到了约好的那一天，马丽穿上漂亮的衣服，精心梳妆打扮之后跟着妈妈驾车出发了。

来到叮当家门前，马丽按响门铃，看到叮当的爸爸妈妈之后，她礼貌地叫了"叔叔阿姨"，在得到允许之后，才走进叮当家里。马丽将礼物送给叮当，和叔叔阿姨寒暄几句之后，就到叮当的房间里和叮当一起玩耍、聊天，两个人别提有多开心了。

时间过得很快，马丽依依不舍地和叮当告别，并约定下次有机会再见。

1. 马丽为这次拜访所做的准备工作有哪些？

_____

_____

_____

2. 如果是你，你会怎么和叮当及她的爸爸妈妈打招呼？

_____

_____

_____

3. 和家人或朋友一起做一次现场模拟，练习一下拜访别人吧！

第10课　你先说完，我再说

倾听 听别人说是一种尊重

　　很多人都有一个错误的认知，觉得表达能力强就是会说、能说，只要口才好，表达就不是问题。实际上，精准的表达需要倾听才行。只有听懂对方在讲什么，听明白对方的诉求，才能更好地给出有针对性的见解和建议，这样的表达才是高效的，才能更好地实现沟通的目的。

预备动作

　　1. 做两个主题相同的沟通计划，其中一个以自己说为主，另一个以倾听为主。

　　2. 邀请同学或朋友先后参与到两个不同的计划之中。

　　3. 提前告知参与者沟通的主题，让他们做些准备。

　　4. 准备笔记本等所需用品，做好记录沟通情况的准备。

做这个练习的目的，是通过对比来发现倾听的重要性。所以在沟通之前，不要将自己的计划全盘托出，而且要在沟通的过程中做好记录。

辅助阅读

场景一：

甲：你喜欢踢足球吗？

乙：喜欢啊！

甲：我也很喜欢踢足球，而且特别喜欢踢前锋。参加学校比赛时，我每场比赛都能进球，还拿过最佳射手奖呢！

乙：你好厉害，我踢后卫……

甲：当后卫多没意思啊，总得在后场待着，进个球太难了。根本就没人看你，更别说给你欢呼了。

乙：踢后卫也能出彩。

甲：出什么彩啊？是不是你水平不行，只能当后卫？要不咱们改天约一场比赛，我肯定轻松过掉你。

乙：算了吧，我可不想逞口舌之快。

场景二：

甲：你喜欢踢足球吗？

乙：喜欢啊！

甲：我喜欢踢前锋，你呢？

乙：我喜欢踢后卫。

甲：为什么啊？

乙：帮守门员守住大门，我觉得挺重要的。尤其在把前锋脚下的球断下来的时候，特有成就感。

甲：嗯，你的技术一定很棒。咱们改天约一场比赛，怎么样？

乙：好啊！我也很想跟你切磋一下呢！

1. 上述两个场景中，你更喜欢甲的哪种表达方式？为什么？

_____

_____

_____

2. 和同学或朋友多模拟几次上述场景，发现倾听的作用。

小贴士

　　认真听别人说话，是一种尊重对方的表现。在倾听的时候，要表现出专注，并及时给予回应，让对方感觉到你想听，他才会更乐意说。从对方的倾诉中，你会得到更多有用的信息。

第11课　讲一个好听的故事

讲述 逻辑清晰地讲故事、说事情

　　每个人都喜欢听故事。一个能把故事讲好的人，通常会受到别人的欢迎。更关键的是，讲故事不仅锻炼口才，还能锻炼逻辑思维能力。既然讲故事有这么多益处，那我们不妨试着给身边的人讲一个好听的故事吧！

预备动作

　　1. 记下一个自己很喜欢的故事。

　　2. 对这个故事进行适当的改编，让它更符合身边人的风格和品位。

　　3. 改编出几个不同的版本，以适应不同的听众。

　　4. 模拟讲故事的场景，多演练几次讲故事的整个过程。

农民和魔鬼

[德国] 格林兄弟

从前有一个非常聪明的农民，他喜欢搞恶作剧，最让人们津津乐道的，就是他捉弄和战胜魔鬼的故事。

一天，农民在田地里辛勤劳作之后，天色已经很晚了。忽然间，他看到自己的田地中出现了一堆燃烧着的煤。农民十分惊讶地走过去，发现燃烧着的煤堆上竟然坐着一个小魔鬼。

"你屁股下面坐着的是一堆财宝吧？"农民问魔鬼。

"是的，"魔鬼说，"这些金银财宝比你之前见过的总量都多。"

"这些财宝出现在我的田地里，应该归我所有。"农民说。

"它可以归你，"魔鬼说，"但是你得把这块田地之后两年的收成给我一半。我有很多很多的钱，可我就想要地里长出的果实。"

"这没问题。"农民说，"只不过，为了避免争吵，地面以上的收成归你，地面以下的收成归我。"

魔鬼接受了农民的建议，满心欢喜地回家等着收粮食。

没想到，聪明的农民种的是萝卜。到了收获的季节，魔鬼除了枯黄的叶子之外，什么都没得到。魔鬼气不过，说："这次让你占了便宜，下次可不能这样。明年我要地面以下的收成，你要地上的。"

农民同意了，然后在地里播下了小麦的种子。到了收获的季节，农民收获了沉甸甸的麦穗，魔鬼只得到了无用的根茎。

魔鬼生气地钻进了石头缝里，农民则得到了大量的财宝。

1. 农民的聪明之处在哪里？他为什么能战胜魔鬼？

_____

_____

_____

2. 请你给爸爸妈妈讲一个故事吧！

小贴士　　　这个故事出自《格林童话》。在这个世界上，并不存在真正的魔鬼。我们口中的"魔鬼"，更多的是指一些邪恶的人或物品。

第12课　语言复印机

复述 清晰、准确地把信息传递下去

　　相信很多人都有过复述别人话语的经历，可是当内容很多时，我们往往很难完整表述。因为复述过程不仅考验我们的记忆力，还需要我们具有很强的理解能力。在理解话语内容的基础上做复述，往往可以将内容表述得更清晰、更准确。

　　下面，我们一起做一个游戏，锻炼一下复述的能力。

预备动作

　　1. 邀请十几个小伙伴，将所有人分成三个小组。

　　2. 每个小组选出一个组长，并排成一队。

　　3. 请三个小组的组长分别写一条信息（时间、地点、事件等），将这些信息串连成一句话，并写下来。

　　每一个小组的人数应该保持一致，这样才能保证公平性。

练习方法

　　1．三个小组的组长分别走到各自的队尾，将串连好的那句话轻声告诉排在最后的那位小伙伴。

　　2．最后一位小伙伴将这句话轻声传给前一位小伙伴，前一位小伙伴再继续向前传递。

　　3．以此类推，直到将这句话传递给队首的那位小伙伴为止。

　　4．队首的三个小伙伴分别将听到的话写下来，与预备阶段写下的话做对比，以此衡量每个小组的传递成果和效率。

　　根据不同的年龄和难度，可以适当增加小组的人数或小组的数量，这样能增加游戏的难度，逐渐提升表达能力。

第13课　照片里的风景

描述 一张美丽的风景照

　　从小到大，我们见过各种各样的照片。有些是人物照，有些是风景照，等等。随着年龄的增长，我们不仅会看照片，也开始尝试自己拍照片。在你们拍摄的照片中，哪些是自己很喜欢的呢？从中找出一张风景照，将它描述给朋友和同学听吧。

预备动作

1. 翻一翻手机照片或相册，找一张最喜欢的风景照。

2. 想一想，这张照片拍摄的地点和背景。

3. 将回想起的内容写下来，整理出大致的描述内容。

> **小提示**　对风景的描述不仅要有很高的真实性，还要对描述内容进行适当的拓展（如拍照地点、当地的风俗、美食等），这样会更加吸引人。

1. 将照片拿给同学或朋友看，并把照片中的风景描述给他们听。

2. 请同学或朋友分别根据描述内容提出问题，并给出针对性的答案。

3. 完成整个描述过程之后，总结并整理一下发现的问题，为下一次的描述总结经验。

第14课　我是"传声筒"

转述 有消息，我来转达

　　在生活中，我们常常会扮演"传声筒"的角色。要知道，扮演这个角色的人，是非常重要且被人信任的。在转述之前，我们需要充分调动自己的听力和记忆力，将需要转述的内容清清楚楚地记下来，这样才能确保将信息准确地转述给别人。

预备动作

　　1. 找四五个小伙伴，一起做传话的游戏。

　　2. 请其中一个小伙伴扮演老师或家长，由他第一个传出信息。

　　3. 其他人集中精力，做好接收信息的准备。

在做游戏的过程中，参与者要尽量简单、准确地传递信息，将最有用的信息传递给下一个人就可以，不必像复述那样完全一致。

"六一"联欢活动通知

"六一"联欢活动通知出来了，同学甲、乙、丙、丁、戊分别进行了转述。

同学甲：咱们班准备举行"六一"联欢活动，班主任想让豆豆和欢欢做主持人，请他们两个统计一下大家想要表演的节目。下周二之前，要把节目单和演员表交到班主任的办公室。

同学乙：咱们班要举行"六一"联欢活动，豆豆和欢欢是主持人，他们两个需要统计一下大家想要表演的节目。下周二之前，节目单和演员表都得交给班主任办公室。

同学丙：咱们班很快要举办"六一"联欢活动，豆豆和欢欢做主持人，他们两个要统计一下节目。下星期二之前，节目单和演员表都得交到办公室。

同学丁：咱们班要举行"六一"活动，豆豆和欢欢是主持人，他们得统计表演节目。下周二之前，要把节目单和演员表交到办公室。

　　同学戊：咱们班下周举行"六一"活动，主持人是豆豆和欢欢，他们要统计节目和演员。下周二之前，要把节目单和演员表交上去。

　　1. 读完上述内容，你觉得"六一"联欢活动的通知转述成功了吗？

_____

_____

　　2. 在转述的过程中，有哪些关键信息被漏掉了，或者是进行了错误的转述？

_____

_____

_____

　　3. 与身边的人一起做一个转述的游戏吧！

第15课　大家一起玩游戏

游戏 开发大脑的益智游戏

　　相信很多小伙伴都喜欢玩游戏，一说到要玩游戏，大家就会高兴得手舞足蹈。你知道吗？玩游戏还可以锻炼我们的大脑哦！你最喜欢的游戏是什么？不妨找几个小伙伴，一起玩游戏吧！

预备动作

　　1. 将自己喜欢玩的游戏都写下来，从中找出一个自己最喜欢且适合多人玩的。

　　2. 将游戏所需的道具准备齐全。

　　3. 邀请小伙伴一起来玩游戏，并告诉他们相应的规则。

1. 向小伙伴们介绍游戏规则也可以锻炼我们的语言表达能力哦！

2. 如果游戏玩得不够过瘾，可以请小伙伴给出不同的建议，请他们各自介绍自己喜欢的游戏，大家从诸多游戏中选择一个最喜欢的，然后一起玩耍。

老狼老狼几点了

"老狼老狼几点了"这个游戏，很多人都曾经玩过。在邀请朋友一起玩耍时，芳芳是这样描述规则的：

"在游戏正式开始之前，我们先用'石头剪刀布'的形式选出'老狼'。谁输了，谁就做'老狼'。然后，我们要在地上画一条横线，除了'老狼'，大家都要站在横线后面。

"游戏开始之后，大家一起一边往前走，一边问'老狼老狼几点了'，'老狼'要回答'1点了'。大家继续问'老狼老狼几点了'，'老狼'想要回答几点都可以。当'老狼'回答'12点了'时，大家要转身向横线跑，而'老狼'则在后面追大家。谁在跑回横线之前被'老狼'抓住，谁就在下一轮游戏的时候做'老狼'。"

1. 根据芳芳描述的规则，你会玩"老狼老狼几点了"这个游戏了吗？

_____

_____

_____

2. 你觉得有哪些没有描述清楚的地方？

_____

_____

_____

3. 向小伙伴们介绍一下你最喜欢的游戏。

第16课　打个电话问一问

咨询 不知道的事情，问问就好

　　如今，人们的生活条件非常优越，做各种事情都十分便捷。比如，我们想去饭店吃饭，可以提前打个电话预订；想去公园春游，可以打电话问一下购票须知；想去博物馆参观，可以打电话问一下需要带什么证件；等等。在打电话的过程中，我们需要用到咨询的技巧，如果问得好，很容易就能得到想要的答案。

预备动作

　　1. 邀请几个小伙伴，大家各自想几种最实用的需要打电话咨询的情况。

　　2. 将所有情况汇总起来，找出几种出现频率最高的情况。

　　3. 讨论一下，看看大家的具体想法。

场景一：

亮亮：您好！是××游乐场吗？

接线员：您好！是的。有什么可以帮您？

亮亮：我是亮亮，我跟几个朋友想去你们那里玩，你们开始营业了吗？

接线员：我们目前在营业中。

亮亮：那你们营业到几点？

接线员：下午6点。

亮亮：我住在××小区，到你们那里坐什么车？

接线员：这个实在对不起，我对您居住的小区并不熟悉，不知道您应该坐什么车。

亮亮：连这个都不知道，那我们怎么过去呢？

接线员：您可以在网上查一下行车路线。

亮亮：我没有手机，怎么查啊？

接线员：……

场景二：

壮壮：您好！是××游乐场吗？

接线员：您好！是的。有什么可以帮您？

壮壮：阿姨/叔叔，您好！请问你们游乐场的营业时间是几点到几点？

接线员：上午9点到下午6点。

壮壮：我是小学生，有没有我能玩的项目？

接线员：有的，但是最好让家长陪同。您单独出行的话不安全。

壮壮：谢谢您关心。我有家长陪着。请问您那里停车位充足吗？

接线员：周末的时候停车位相对紧张，如果距离不远，我建议您跟家长乘坐地铁出行。

壮壮：好的，谢谢您！再见！

接线员：再见！

1. 上述两个场景中，你觉得哪个咨询方式效果更好？为什么？

_____

_____

_____

2. 如果是你，你想咨询什么样的信息？列举一下。

_____

_____

_____

3. 和小伙伴或家人进行角色扮演，模拟一下电话咨询的场景。

在角色扮演的过程中，大家可以不断互换角色，分别体验一下不同角色的感受。

第17课　压岁钱怎么花

讨论 想法说出来，大家聊一聊

　　每到过年的时候，我们总会收到很多压岁钱。这些钱一般都会由爸爸妈妈代为保管。爸爸妈妈这样做的原因，是觉得我们不懂得支配金钱，害怕我们乱花钱。所以说，如果我们想自己保管压岁钱，首先要让爸爸妈妈意识到，我们也是会规划和支配金钱的。

　　我们不妨来讨论一下，压岁钱究竟应该怎么花。

预备动作

　　1. 邀请几个有相同经历（压岁钱由爸爸妈妈代为保管）的小伙伴。

　　2. 请小伙伴们说一说以往收到压岁钱之后的经历，记录并做整理。

讨论的内容包括两部分：第一部分是小伙伴间的讨论，第二部分则是拿着讨论出的结果与爸爸妈妈进行讨论。

练习方法

1. 小伙伴们各自说说如何花掉压岁钱，并给出自己的理由。

2. 讨论一下小伙伴们的花钱计划是否有道理、有意义。

3. 完善大家都认可的花钱计划，锻炼理财能力。

4. 将完善的计划拿回家，与爸爸妈妈讨论一下压岁钱应该怎么花。

第18课 加入足球小组吧

邀请 来吧，这个团队需要你

在学校，会有各种各样的兴趣小组，与志趣相投的人在一起，往往会产生更大的兴趣和动力。很多时候，我们为了达成目标，需要邀请更多的小伙伴加入自己的小组，这时就需要使用恰当的语言表达技巧。

预备动作

1. 做一个关于兴趣爱好的调查，看看小伙伴们都有什么兴趣。

2. 根据调查结果，找到那些与自己志趣相投的小伙伴。

3. 做一个邀请计划，想一想怎么样才能打动想要邀请的小伙伴。

4. 请爸爸妈妈和自己一起模拟邀请的场景，提升熟练度。

场景一：

元元：星星，你加入我的足球小组吧？

星星：为什么？

元元：你不是喜欢踢足球吗？

星星：我是喜欢踢足球，可又不是只有你这一个足球小组！

元元：我的足球小组最厉害啊！咱们一起踢，肯定能赢球。

星星：你怎么知道一定能赢？你有点儿盲目自信啊！

元元：……

场景二：

元元：星星，你是不是很喜欢踢足球？

星星：是啊！

元元：那你喜欢踢什么位置？

星星：当然是前锋啦！

元元：哦，我的足球小组正需要一个前锋，你有兴趣参加吗?

星星: 我当然想跟小伙伴们一起踢球。小组里还有谁啊?

元元: 冬冬、平平、洋洋……踢球的水平和技术都不错哦!

星星: 太好啦! 我加入!

1. 对比上述两个场景, 你更喜欢哪种邀请方式? 为什么?

_____

_____

_____

2. 这两段对话, 给你带来了什么启示?

_____

_____

_____

3. 和小伙伴们模拟一下上述两个场景, 检验一下实际

效果。

小贴士　　如果小伙伴拒绝了你的邀请, 记得问问原因, 这样有利于找到下次再说服他的办法。

第19课　同学，你是最棒的

赞美 你很优秀，我很欣赏

　　每个人都渴望得到别人的赞美和认可。赞美可以给人带来精神层面的愉悦感，赞美的力量是不可忽视的。赞美别人看似简单，却有很大的学问。

　　我们可以试着去赞美身边的人，亲自感受一下赞美给人带来的改变。

预备动作

1. 找到一个值得赞美的对象。

2. 发现他身上的优点，从中找到一个想要赞美的点。

3. 写下赞美的重点内容，梳理梗概，以免记忆不清。

> **小提示**　赞美是发自内心的，不能敷衍了事或者说一些虚情假意的话。只有真诚的表达，才能让对方感到快乐。

赞美中成长的"纸片人"

有一档名叫《笑傲江湖》的娱乐节目，给大家带来了很多欢乐。

在第二季的节目中，参赛选手逯爱岩受到了评委和观众的喜爱，他用自己创作的"纸片人"给观众带来了欢声笑语，自己也因此而声名大噪。

在逯爱岩的自述中，人们才知道，他在几年之前就已经是一名小小的"网红"，而且身为评委的宋丹丹还曾为他留言表示赞扬。正是受到了宋丹丹的鼓励，逯爱岩才决定走上艺术的道路，并在这条路上越走越远。

逯爱岩提及这一往事的时候，宋丹丹第一时间并没有反应过来，随后在逯爱岩的提醒下，她才回想起自己曾经给逯爱岩写过评论和留言。

在宋丹丹赞扬逯爱岩的时候，她只是发自内心地喜欢他的节目而已，或许她自己都没想到，她的赞美成了逯爱岩逐梦路上的巨大推力。

1. 你有没有过因为被人赞美而充满自信，进而奋发向上的经历？

_____

_____

2. 面对一个自己并不喜欢的人，你会如何从他身上找到值得赞美的优点？

_____

_____

_____

第20课　阿姨，我找不到爸爸妈妈了

寻求帮助 冷静下来，去找正确的人

　　每到假期，和爸爸妈妈出去游玩的时候，我们最担心的事情恐怕就是和爸爸妈妈走散了。尽管爸爸妈妈已经非常谨慎，但由于人流量太大，这种事情还是时有发生。在和爸爸妈妈走散之后，我们最应该做的是寻求警察或者工作人员的帮助。

　　那么，在寻求帮助的时候，我们应该怎么做呢？在平时又该做哪些准备呢？

预备动作

　　1. 把爸爸妈妈的手机号码和家庭住址背下来，并时常温习。

　　2. 和小伙伴们分别扮演不同的角色，模拟可能出现的场景。

3. 在爸爸妈妈的陪同下，体验各种不同的场合。

丁丁走丢了

丁丁不仅聪明，而且胆大心细。

一天，丁丁和妈妈一起到游乐场游玩。由于一时贪玩，他不知不觉地偏离了路线，等他发现时，已经和妈妈走散了。

丁丁心里很着急，但是并没有很慌张。这样的情况，他已经在头脑中预演过很多遍，就是为了如果某一天出现这样的情况而有所准备。

丁丁找到了指示牌，从上面寻找离他最近的咨询点或售票处。他走到了一个售票处后，向售票员阿姨寻求帮助。售票员了解情况之后，及时联系了广播处的同事，在众人的帮助下，丁丁顺利找到了妈妈。

1. 丁丁走丢之后的表现，你觉得怎么样？为什么？

_____

_____

_____

2. 面对这种情况，你会怎么做？

_____

_____

_____

3. 模拟一下面对各类求助对象的场景。

第21课　咱俩能换一天值日吗

商量 有商有量，互相帮忙

很多时候，一些突发事件的发生，会打乱我们原本的计划，让我们不开心。所以，当我们必须要做影响别人计划的事情时，一定要与对方积极商讨，争取对方的理解和接受。

那么，我们该如何更好地与他人商量，从而实现自己的目的呢？

预备动作

1. 设想和预演各种可能出现的突发事件，提前做好准备。
2. 根据计划的实际变化情况，准确找到相应的人。
3. 阐述自己的情况，与对方商量应对措施。

小提示　商量的目的是达成某种一致，心平气和的沟通方式更有利于达成最终目标。

换一天值日吧

一天晚上，玲玲接到表姐的电话。表姐在电话中说："我出差途经你所在的城市，有几个小时的时间可以去看你一下。"玲玲听后很开心，她已经很久没有见到表姐了。

第二天，玲玲对同桌说："小英，我有件事想和你商量一下。"

小英："什么事？你说。"

玲玲："今天本来该我值日，能不能跟你换一天？"

小英："为什么？"

玲玲："晚上我表姐来看我，可是她只能待几个小时。我已经很久没见她了，想早点儿回去。"

小英："是这样啊！那咱们就换一天。"

玲玲："真是太感谢了！"

1. 玲玲和小英的商量方式，你觉得怎么样？

_____

_____

_____

2. 在什么情况下，你会跟别人商量一些事情？

_____

_____

_____

第22课　走，一起去秋游

建议 我的建议是……

　　每到金秋时节，天高云淡，秋风送爽。面对这难得的秋游机会，和小伙伴们约着一起去原野走一走，该是多么惬意的一件事啊！

　　如果让你向小伙伴们提出秋游的建议，你会怎样说服大家接受你的建议呢？

预备动作

　　1. 做一个小小的调查，了解一下小伙伴们最近几年的秋游情况。

最近三年的秋游地点	
今年最想去哪里秋游	
想去的具体理由	

2．整理一下调查结果，找出最受欢迎的三个地点。

3．再做一次调查，从三个备选地点中选出最受欢迎的那一个。

不到长城非好汉

提到长城，很多人都耳熟能详。"不到长城非好汉"这句话，更激发了人们攀登长城的热情。长城是世界文化遗产、全国重点文物保护单位，它在过去为中华民族御挡外敌，如今则吸引世界各地的人前来一睹它的伟岸"身躯"。

长城蜿蜒起伏，盘旋在崇山峻岭之上，像一条巨龙一样。远远望去，能够感受到的不仅有震撼，还有浓浓的历史气息。去长城秋游，是对中国历史的回顾，让我们不忘前人的艰辛，也是对未来的展望，希望新一代的年轻人可以变成中国的脊梁。

如今，四通八达的交通网络为外出旅游提供了很多便捷方式。无论选择哪种出行方式，都很方便。

有些同学可能觉得长城有些陡峭，会存在一定的危险性。但是换个角度来看，这种挑战性不正是我们平时想要却无法遇到的吗？如果能克服这些困难，那我们就是真正的好汉。而且，在攀登的过程中，我们可以以小组的形式来互相扶助，身体强壮的同学可以多帮助一下瘦弱的同学，以提升安全性。

以上就是我的建议，希望大家可以考虑一下。

1. 读完上述内容，你觉得这种提建议的方式怎么样？

_____

_____

_____

2. 如果是你，你会怎么对上述内容进行改进和完善？

_____

_____

_____

3. 修改完毕之后，请说给你的同学或朋友听。

小贴士　　既然是建议，别人就有拒绝的权利。即使不被接受，也要坦然面对。

第23课　这本书很好看

推荐 美好的事物，大家共享

　　分享是一件非常快乐的事情。当我们读到一本好书，看到一部好电影，听到一首好歌时，都可以推荐给小伙伴。如果你有什么好的推荐，就大胆说给小伙伴听吧！

预备动作

1. 从书架上选一本自己很喜欢的书。
2. 大致读一遍，了解这本书所写的主要内容。
3. 简单写一些推荐语，阐述推荐的理由。
4. 练习几遍，熟悉一下推荐的过程。

小提示　　推荐给小伙伴看的书，不能只是符合自己的喜好，而要针对不同的人，给出不同的推荐方案。

真实的高贵

［美］海明威

风平浪静的大海，每个人都是领航员。

但是，只有阳光而无阴影，只有欢乐而无痛苦，那就不是人生。以最幸福的人的生活为例——它是一团纠缠在一起的麻线。丧亲之痛和幸福祝愿彼此相接，使我们一会儿伤心，一会儿高兴，甚至死亡本身也会使生命更加可亲。在人生的清醒时刻，在哀痛和伤心的阴影之下，人们最接近真实的自我。

在人生或者职业的各种事务中，性格的作用比智力大得多，头脑不如心灵，天资不如由判断力所节制着的自制、耐心和自律。

我始终相信，内心开始生活得更严肃的人，也会在外表上开始生活得更朴素。在一个奢华浪费的年代，我希望能向世界表明，人类真正需要的东西是非常之微少的。

悔恨自己的错误，而且力求不再重蹈覆辙，这才是真正的悔悟。优于别人，并不高贵。真正的高贵应该是优于过去的自己。

1. 如果让你向小伙伴推荐海明威的作品，你会做哪些准备工作?

_____

_____

_____

   2. 如果小伙伴不喜欢你的推荐，你会怎么办？

_____

_____

_____

   3. 说一说别人向你推荐某种事物的过程。

第24课　心事放在日记里

写日记 心灵的秘密花园

　　相信很多小伙伴都有写日记的习惯，身边的趣事、个人的一些想法和不想让别人知道的事情，都可以写在日记里。可以说，写日记是一种记录生活的方式，也是一种积累表达素材的手段。

预备动作

1. 找一个安静的房间，拿出笔记本和笔。
2. 梳理一下思路，回想一下想要记录的内容。

小提示　写日记的时机无法提前预知，只要我们经历了值得记录的事情，就可以将它记录下来。

美好的一天

今天是美好的一天，因为我加入了少先队。

成为一名少先队员，是我梦寐以求的愿望。今天终于实现了，我感觉很高兴。

从今天开始，我将以少先队员的身份在学校学习和生活，我知道这意味着我要成为同学们的榜样，时时刻刻都要以更高的标准来要求自己。但是我并没有感到害怕或是担忧，我觉得这会给我前进的动力，让我努力变成更好的自己。

今天，我的愿望实现了。对我来说，今天是美好而幸福的，我要继续努力，继续加油！

1. 这篇日记的优点有哪些？

_____

_____

_____

2. 在你成为少先队员那天，你有什么感受？

_____

_____

_____

3. 写一篇日记，记录一下今天发生的事情吧！

小贴士

　　写日记的目的是记录自己的生活，真实性是必须遵循的原则之一。

第25课　这道题的思路是……

说明 问问自己，我说清楚了吗

很多情况下，我们需要对某件事情、某种事物或者某种情况做出解释和说明。如何才能清楚、准确地表达，是困扰很多人的问题。在对事物进行说明的过程中，要尽量传递有用的信息，言简意赅地将意思表达完整，达样才能实现高效表达。

预备动作

1. 想一下具体的说明思路，越清晰越好。
2. 观察一下沟通对象，选择对方最能接受的表达方式。
3. 打好腹稿，做简单的演练。

小提示 　说明的目的是让对方理解和接受，因此选择对方能够理解的语言和表达方式尤为重要。

林林是"小老师"

　　林林的学习成绩很好，同学们都很喜欢找他问问题。林林总是不厌其烦，非常耐心地给同学们讲解。尤其是在讲解数学题时，林林有一套独门秘籍。

　　"首先，我们需要审题，把题目搞懂，才能找到正确的解题方向。如果读一遍没有理解，那就再读一遍，直到读懂为止。

　　"其次，要具体问题具体分析。我们遇到的一些数学题，有时候看起来很相似，可是在提问的时候会有所不同。只不过我们习惯了某种解题思路，于是自然而然地借用了以往的经验。比如这道题，并没有像大多数题目那样要求计算已经完成的跑步距离总长，而是要求计算剩余距离。要想得出最终的答案，只要再做一个减法就行，可是很多同学就忽视了。

　　"再次，解题时一定要细心，千万不能用错数据。一旦用错了数据，最后的答案一定就是错的。

　　"最后，很关键的一步就是检查。有时候也许检查不出问题，但是这一步千万不能少。检查是为了弥补漏洞的，没有错误当然更好。"

林林的秘籍是逐渐摸索和总结出来的，他确实是一个爱学习、善思考的学生。

1. 做题时，怎样才能减少不必要的失误或错误？

_____

_____

_____

2. 想一想，如果是你，你会怎么给同学讲解。

　　每个人都有适合自己的学习方法，学习别人的方法，并不是要全套照搬，而是要从中找到适合自己的方法并加以运用。

第26课　垃圾分类好处多

演讲 当众演讲我不怕

生活中，我们常常会看到一些乱丢垃圾的现象，不仅污染了环境，也给环卫工人带来了很多麻烦。如今，全国都在提倡垃圾分类，借着这个机会，我们不仅应该积极参与其中，还应该把垃圾分类的好处讲给大家听。

预备动作

1. 在网上搜一搜，了解一些垃圾分类的知识。
2. 做张知识小卡片，将有用的信息融入演讲稿中。
3. 和爸爸妈妈或同学朋友讨论交流，打磨演讲稿。
4. 为爸爸妈妈或同学朋友做模拟演讲，找到现场演讲的感觉。

演讲的场合并不局限于剧场之中、舞台之上，在任何一个宣传垃圾分类的场合中，我们都可以进行即兴演讲，与身边的人分享垃圾分类的知识。

我有一个梦想（节选）

［美］马丁·路德·金

我梦想有一天，这个国家将会奋起，实现其立国信条的真谛："我们认为这些真理不言而喻：人人生而平等。"

我梦想有一天，在佐治亚州的红色山岗上，昔日奴隶的儿子能够同昔日奴隶主的儿子同席而坐，亲如手足。

我梦想有一天，甚至连密西西比州——一个非正义和压迫的热浪逼人的荒漠之洲，也会改造成自由和公正的青青绿洲。

我梦想有一天，我的四个小儿女将生活在一个不是以皮肤的颜色，而是以品格的优劣作为评判标准的国家里。

我今天怀有一个梦。

我梦想有一天，亚拉巴马州会有所改变——尽管该州州长现在仍在滔滔不绝地说什么要对联邦法令提出异议和拒绝执行——在那里，黑人儿童能够与白人儿童兄弟姐妹般地携手并行。

我今天怀有一个梦。

我梦想有一天，深谷弥合，高山夷平，崎路化坦途，曲径成通衢，上帝的光华再现，普天下生灵共谒（yè）。

这是我们的希望，这是我将带回南方去的信念。有了这个信念，我们就能从绝望之山开采希望之石；有了这个信念，我们就能把这个国家嘈杂刺耳的争吵声变为充满手足之情的悦耳交响曲；有了这个信念，我们就能一同工作，一同祈祷，一同斗争，一同入狱，一同维护自由。因为我们知道，我们终有一天会获得自由。

1. 从上述演讲内容中，你能看到马丁·路德·金有什么梦想？

_____

_____

_____

2. 这篇演讲稿为什么这么打动人心？

_____

_____

_____

第27课　我是校报记者

能不能约您进行一次访谈?

　　在很多人的印象中,记者的口才都是十分了得的。每当在电视上看到侃侃而谈的记者,有些人的心里难免泛起羡慕之情。其实,记者能够拥有出众的口才,是因为他们平时不断地积累。

　　要想像电视台的记者那样伶牙俐齿,不妨试着做个校报记者,学习采访吧!

预备动作

1. 找一个热点话题,做一个采访大纲。

2. 寻找合适的采访对象,做相应的背景调查。

3. 综合各种情况,确定具体的采访时间、地点、方式等。

在采访的过程中，记者需要观察受访者的情绪、心态等，根据具体情况，随时调整采访策略。

练习方法

1. 提前与受访者约定时间、地点等，将采访内容告知对方。

2. 根据采访大纲，对受访者展开采访。

3. 采访结束之后，整理采访材料，撰写采访报告或文章。

4. 对采访过程进行复盘，发现其中的不足之处。

除了提前约定的采访，随机采访也是一种比较常见的采访方式。但是，这种方式对记者的要求更高，可以积累一段时间之后再去尝试。

第28课　这些诗，越读越有趣

听听我的朗诵腔

　　在很多场合中，诗歌朗诵不仅是一个重要的节目，还是一个动人心弦的仪式。对于小伙伴们来说，朗诵并不单单是为了记忆，更重要的是，通过朗读可以增强语感，使表达具有更强的表现力和感染力。既然如此，我们就一起多读一些有趣的诗吧！

预备动作

　　1. 找一些有趣且有意义的诗，并将其整理在一个本子上。

　　2. 向小伙伴们发出邀约，请他们也摘录一些自己喜欢的诗。

　　3. 定好时间和地点，小伙伴们一起来一场朗读大会。

辅 助 阅 读

囚歌

叶挺

为人进出的门紧锁着，

为狗爬走的洞敞开着，

一个声音高叫着：

爬出来吧，给你自由！

我渴望着自由，

但也深知道——

人的躯体哪能由狗的洞子爬出！

我只能期待着，

那一天——

地下的烈火冲腾，

把这活棺材和我一齐烧掉，

我应该在烈火和热血中得到永生。

1. 这首诗歌表达了诗人怎样的追求？

_____

_____

_____

2. 读读这首诗，说说为什么写得好？

_____

_____

_____

小贴士

　　朗诵诗歌的时候，一定要富有情感，要把情感与诗歌融为一体，这样才能成为最好的朗诵者。

第29课　别难过，我陪你

安慰 无论何时，我都会在你身边

　　每个人都会遇到伤心难过的事情，深陷悲伤情绪中的人，内心往往十分脆弱，他们需要一个宣泄情绪的出口，想要向人倾诉。如果你发现身边的人因为某件事情而非常难过，你会怎么做呢？你会对他说些什么呢？

　　情绪不佳的人，内心往往是脆弱而敏感的，所以我们在对他说话的时候一定要注意方式和方法。

预备动作

　　1. 平时多读一些书，掌握一些安慰人的方法和表达技巧。

　　2. 面对难过的小伙伴，先听对方倾诉或是从侧面打探情况，了解清楚事情的来龙去脉。

　　3. 根据具体情况，进行有针对性的安慰。

不同的原因给人带来的不同情绪，会给人的心理造成不同的影响。因此，针对不同的人和不同的情况，要用恰当的语言和表达方式。

辅 助 阅 读

有我在，别担心

乐乐养了很久的狗狗丢了，他很伤心，连着几天都沉默寡言的。

康康看在眼里，知道乐乐一定是遇到了什么事情。一天放学回家的路上，康康决定了解一下具体情况。

康康："乐乐，你这两天好像有些心不在焉啊！"

乐乐："有吗？我还好。"

康康："如果你遇到了困难或是有什么不开心的事情，我希望能帮你分担。"

乐乐："没事，过两天就好了。"

康康："以前我难过的时候，你都陪着我、安慰我。跟你聊完之后，我就觉得轻松了很多！我很感谢你之前那么帮助我，让我知道，很多话说出来就好了。"

乐乐："咱们是好朋友，这都是我应该做的。"

康康："对啊，咱们是好朋友，我帮你分担一些不也是应该的吗？"

乐乐："这……"

康康："你要是实在不想说，也没关系。我只是想告诉你，有我在，别担心。无论发生什么事情，我都会陪在你身边。"

乐乐"哇"的一声哭了出来，尽情宣泄着自己的情绪。待平静下来之后，他将狗狗的事情跟康康说了，感觉心情不再那么沉重了。

1. 如果你是乐乐的话，你愿意向康康敞开心扉吗？为什么？

_____

_____

_____

2. 你觉得好朋友之间的安慰，应该注意些什么？

_____

_____

_____

第30课　对不起，这是我的错

道歉 知错就改，善莫大焉

　　人犯错不可怕，可怕的是犯了错误却想方设法地掩饰。敢于认错的人，才是勇敢的人。只有具有这种人格魅力，才能吸引更多的人。

预备动作

　　1. 发现自己犯错之后，先分析一下犯错的原因。

　　2. 思考一下自己犯的错给别人带来了什么影响，怎样才能消除这种影响。

　　3. 打好腹稿，想一想怎么才能真诚地向别人道歉。

> **小提示**
> 　　一次犯错不会毁掉我们的人生，但如果为了一个错误而去找各种各样的借口，那就会扰乱我们的正常生活。

全是我的错

新墨西哥州阿布库克市的布鲁士·哈威在核准员工薪资的时候犯了一个错误，他给一名请病假的员工发放了全额薪资。

发现这一错误之后，哈威及时找到这名员工，并向他解释必须纠正这个错误，所以要在下次发放薪水的时候从中扣除相应的金额。这位员工很理解哈威的做法，但是同时表示一次性扣除的话会给他带来严重的财务问题，所以请求分期扣除多领的薪水。哈威也能体谅这名员工，但是这样做必须先获得上级的批准。

"我知道，"哈威说，"这样做肯定会让老板感觉不满。在我思考以何种方式来处理这种状况更妥当的时候，我认识到产生这些混乱状况的原因在于我自己，我必须要在老板面前承认自己的错误。"于是，哈威将详细情况告诉了老板并向他承认了自己的错误。老板听后大发雷霆，先是斥责人事部门和会计部门疏忽，然后又责怪哈威办公室的另外两个同事。在这个过程中，哈威反复解释说这是自己的错，与别人没有关系。最后，老板看着他说："好吧，既然这是你犯的错误，那就由你负责解决这个问题吧！"

最终，这个错误得到了很好的弥补，并没有给任何人带来多余的麻烦。从此以后，老板更加赏识哈威了。

1. 文中哈威的做法给了你怎样的启示？

_____

_____

_____

2. 你有过不承认错误的时候吗？请想一想，然后去向对方
说清楚，看看会得到怎么样的回应。

小贴士　　　犯错后，如果敢于承认并积极改正，能赢得别人
更多的信任。从某种意义上来说，越及时地承认错误，
越容易改正和补救。

第31课　他是这样一个人

评论 客观一点，不能轻易下结论

　　在生活和学习中，评价别人是我们经常做的事情。只不过大多数情况下，我们并不会将自己的评价说出来，而是放在心底。评价一个人，是发表个人的看法，这种看法，往往会带有主观色彩。怎么做到客观评价，是我们需要学习和研究的。

预备动作

1. 评论一个人的时候，要先多角度地了解一下他的表现。
2. 综合所有人的观点，并与自己的观点做对比。
3. 重新整合自己的观点，对他做出一个客观的评价。

小提示 　　想对一个人做出客观评价，就要尽可能多地从多方面收集与其相关的信息，信息越丰富，判断越准确。

豌豆公主

［丹麦］安徒生

从前，有一位王子想要和一位真正的公主结婚。于是，他走遍了全世界，想找到一位真正的公主。可是，无论他走到哪里，总会遇到一些障碍。公主倒是有很多，可是他无法判断她们是不是真正的公主，因为她们总有些地方表现得不对劲。最后，王子只好失望地回到了自己的国家。

一天晚上，一场可怕的暴风雨突然袭来，电闪雷鸣，大雨倾盆。这种天气，让人有些害怕。这时，有人敲门，老国王听到敲门声，便走过去开门。

门外站着的是一位美丽的公主。可是，经过风吹雨打之后，她的样子变得非常难看。她的头发和衣服都被雨水淋透，雨水从上往下流到了她的鞋尖，又从脚跟流出来。她说自己就是真正的公主。

老王后心里想着：这一点我们很快就能验证出结果。可是，她什么都没说。她走进卧室，把所有的被褥都挪开，然后在床榻上放了一粒豌豆。接着，她取出二十张床垫，把豌豆压在下面。之后，她又取出二十床鸭绒被铺在了床垫上。

这天夜里，公主就睡在了这些东西上面。

第二天早上，大家问她昨晚睡得如何。

"唉，实在是太难受了！"公主说，"我几乎整晚都没合上眼。天知道我床上有个什么东西？有一个很硬的东西硌着我，弄得我全身发紫，这真是太可怕了！"

大家看得出来，这是一位真正的公主。因为压在二十层床垫和二十床鸭绒被下面的一粒豌豆，她竟然都能感觉到。除了真正的公主，恐怕不会有人有这么细嫩的皮肤。

于是，王子选择和公主结为夫妻，他知道，他终于找到了一位真正的公主。因为这件事，这粒豌豆最终被送进了博物馆。如果它没被人拿走，人们应该还可以在那儿看到它呢。

1. 在这个故事中，公主的形象是怎样的？

_____

_____

_____

2. 王子是如何选中真正的公主的？

_____

_____

_____

第32课　不逆耳的忠言

批评的话委婉说

当犯错误的时候，我们每个人多少都会受到批评，但是由于各种因素的影响，很多人对批评之声十分厌恶，甚至会采取敌对的态度。那么，如何批评才能使效果达到最好呢？

一般来说，直接表达批评的方式让人难以接受，而委婉的忠言更能深入人心。

预备动作

1. 了解事情的来龙去脉，衡量一下受批评的人需要承担多大责任。

2. 根据批评对象的情况，思考一下应该以何种方式去批评。

3. 梳理思路，用更婉转的语言去表达。

直接批评的方式，给人带来的更多是伤害。而婉转的态度，则会让人在心理上更容易接受。

禁止吸烟

吉布森是一家工厂的老板，一天中午，他到车间巡视，却发现有几个工人正在车间里抽烟，更让人气愤的是，他们的身后就是"禁止吸烟"的牌子，他们竟然视若无睹。

在这种情况下，如果吉布森大发雷霆，极力训斥那几个工人，也是十分正常的，可是这样一来，那几个工人就会在工友面前失去颜面，即便他们表面上接受了责骂，心里也一定会有反抗的情绪。想到这里，吉布森走上前去，他拿出一包烟，然后给每个抽烟的工人递上一支烟说："如果你们可以去外面抽，那就再好不过了。"

几个工人看到老板走过来，本以为会经历一场"狂风暴雨"，没想到得到的却是一支烟以及轻声细语的劝诫。这不仅让他们保住了面子，也从心底感受到了老板的良苦用心。他们觉得受到了老板的尊重和重视，心中自然希望自己能够做出一些令老板满意的事情。从这之后，再也没有人在车间里抽烟了。

1. 从这个故事中，你得到了什么体会？

_____

_____

_____

2. 过往的经历中，哪种批评方式更容易被你接受？

_____

_____

_____

小贴士

　　相关研究表明，人们之所以不愿接受批评，主要是怕丢了面子，利益受损。因此，在批评之前，如果能打消别人的这种顾虑，那会让人更加愿意接受。

第33课　我有一个小问题

提问 请教别人=提升自己

遇到问题时，很多人可能不太愿意向人请教，其中的原因是多方面的。但是想要拥有良好的口才，提问是一个很好的锻炼和提升渠道。而且，善于提问的人往往能在提问的过程中发现更多的信息，得到更好的沟通效果。

预备动作

1. 找一个比较关心的话题，搜寻一些相关资料。

2. 从中挖掘最感兴趣的知识点，就不懂的部分提出相应的问题。

3. 尝试自己寻找问题的答案。

小提示 请教别人的问题，要经过深思熟虑的，经过思考的问题，才具有价值。

1. 选择小伙伴们都感兴趣的话题，分别搜寻资料并提出自己的问题。

2. 小伙伴们聚到一起，以角色扮演的形式展开练习。

3. 提问者和回答者交换身份，或是参与者随机抽取身份，进行多轮次的问答。

小贴士 　　提出的问题越是精辟、深入，越能激发深度的思考，这对锻炼思维也有很大的益处。

第34课　聚会上的闲聊

聊天 侃侃大山也不错

　　很多人都参加过各种主题的聚会，想必也都知道聚会的氛围。在大多数聚会上，轻松愉悦是主旋律，这种场合中交流的话题，自然也以轻松为主。如果谁在聚会上说了不该说的话，往往会招来别人的反感。

预备动作

1. 提前了解聚会主题，根据主题寻找一些有用的信息。
2. 整合简化信息，挖掘信息的价值。
3. 做好预演，试想各种可能遇到的情况。

> **小提示**　　在一些有特殊主题的聚会上，应该根据现场的情况做出正确的表达。

聊出来的印象

缇娜前不久换了工作，很快就和新同事玛丽成了好朋友。

一天，缇娜到玛丽家做客。玛丽准备好饮料、杂志，两人坐在湖边相谈甚欢。她俩正聊着，玛丽的邻居朱莉走了过来，和她们打招呼。玛丽邀请她一起坐坐，于是三个人热切地聊起了天气、新闻等。朱莉优雅大方，热情洋溢，性情随和，对谈论的话题十分投入。缇娜觉得朱莉非常友善，很愿意和她聊天，甚至有种一直聊下去也不会厌烦的感觉。

三个人聊得正开心，玛丽的另外一个邻居露丝也走了过来。她和大家打过招呼之后，也被邀请加入谈话。露丝和朱莉截然不同，她很喜欢抱怨，身边的一切都有可能成为她抱怨的对象。听到露丝所说的话，缇娜非常不开心，她觉得玛丽、朱莉和自己的时间都被露丝浪费了，这让她对露丝心生反感。

眼见露丝根本没有要停下来的意思，缇娜只好找个借口提前离开了玛丽的家。

1. 你觉得露丝会有很多朋友吗？为什么？

_____

_____

2. 如果在聚会上遇到露丝这样的人，你会怎么做？

第35课　小心脚下，注意安全

人身安全放在第一位

安全是一个永不过时的话题。在户外游玩或运动的过程中，一旦有所疏忽，就有可能给自己带来伤害。所以，适时、适当地给予别人善意的提醒，是非常重要的事情。在提醒别人的过程中，我们要注意自己的表达方式，以防好心办坏事。

预备动作

1. 收集资料，将生活、学习中比较常见的安全问题整理出来。

2. 找到规避危险的方法，熟记于心。

3. 练习不同的表达方式，做到因人而异。

小提示　进行安全提示时，需要根据实际情况采取不同的表达方式，否则容易起到反作用。

练习方法

1. 约几个小伙伴聚在一起，做一下模拟练习。

2. 每个人写几个自己觉得最重要的需要进行安全提示的场景。

3. 从诸多场景中选择几个大家都很关注的场景。

4. 以角色扮演的方式让所有人参与其中，将选出的场景演练一遍。

5. 多进行几次练习，做到熟练掌握。

小贴士

熟练掌握几种场景后，可以将几种场景融合在一起进行模拟，提升练习难度。

第36课　拒绝的艺术

拒绝 学会说"不"

　　说好话能让人高兴，所以人都能轻易说出口；拒绝人的话常常让人不快，所以很多人不愿表达。实际上，拒绝是一门高超的艺术，能够含蓄地拒绝对方，这是一个人拥有优秀语言表达能力的体现。学会巧妙地拒绝对方，非但不会失去朋友，还有可能得到对方的认可。

预备动作

1. 整理出可能需要拒绝的情况和场景。
2. 根据不同的情况和场景，设计出相应的拒绝方法。
3. 在家练习拒绝，直到能够轻松拒绝别人。

该说"不"时就说"不"

小薇是一个很好说话的人，同学们有事总是找她帮忙：

"小薇，帮我搬一下作业本。"

"小薇，帮我买点儿薯片。"

"小薇，今天我有点儿事，你帮我做值日吧。"

……

对于这些要求，小薇从来不会拒绝。即便自己作业很多，事情很忙，她也会勉强答应下来。时间一长，小薇自己的学习受到了影响，老师因为她成绩下降而找她谈话。

小薇觉得自己很委屈，可是又不知道该怎么说。于是，小薇开始变得懒怠，学习不上心，还接受不了别人的批评。小薇注意到了自己的变化，感觉到再这样下去对自己没有任何好处。于是，小薇决定改变自己：要学会说"不"。

从这之后，有同学找小薇帮忙时，她不会马上答应，而是说："我还有一些作业没写完，半个小时之后再说，好吗？"

听到小薇的回答，很多同学都知道，这是一种委婉的拒绝。通过这种方式，小薇拒绝了很多找她帮忙的人，自己的学习和生活终于重新回归正轨。

1. 看了小薇的经历，你对拒绝别人产生了什么新的看法？

_____

_____

_____

2. 小薇身上的变化，给你带来了什么启示？

_____

_____

_____

3. 与小伙伴一起，模拟一下拒绝别人的场景。

第37课　我是活动主持人

主持 口才了得，知识渊博

　　随着物质生活水平的不断提高，人们对精神生活的要求也越来越高。各种娱乐活动如雨后春笋般出现，给平淡的生活带来了很多的光彩。由此，活动主持人也越来越受到人们的关注。相信很多小伙伴都希望圆自己一个主持人梦。

　　可是，想当主持人并没有那么简单，不仅需要良好的口才，还需要丰富的知识。

预备动作

1. 增加阅读量，通过多读书来积累知识。

2. 了解活动流程、主题、参与人员等相关信息，梳理主持流程。

3. 撰写主持词，并加以练习，以增加流畅度。

4. 与活动筹备者等相关人员做好沟通。

让他说完

有一位名叫林克莱特的著名主持人，因为非常善于沟通而深受人们喜爱。

一天，林克莱特主持的是一档儿童访谈节目。节目开始之后，林克莱特与台上的小朋友亲切地打过招呼，然后开始了访谈的主题。

"小朋友们，你们觉得飞行员这个职业怎么样？"

小朋友的回答五花八门，有的说飞行员很威风，有的说飞行员的衣服很酷，有的说当飞行员需要好的身体，还有的说想当飞行员需要通过严格的考核……

一个位置比较靠后的小朋友给出了自己的答案："我的愿望就是成为一名飞行员，专门驾驶飞机为人们服务。"

林克莱特觉得这个小朋友的想法十分独特，于是接着问他："你知不知道驾驶飞机是要承担很大风险的？"

"当然知道，可是我不怕。"小朋友的神情十分坚定。

"如果飞机在半空中耗尽了燃料，你要怎么做？"林克莱特故意提出一个刁钻的问题。

"我会让飞机上所有的人都系上安全带，然后我先跳伞离开。"

这个答案引起了轩然大波，台下发出了窃窃私语和嘲笑声。这种情况显然超出了小朋友的预计，他有些着急，显然还有话要说。于是，林克莱特示意大家安静，让小朋友继续把话说完。

"我要赶紧去取燃料，然后回来给飞机加上。这样才能拯救大家。"小朋友委屈地说。

突然间，节目现场变得鸦雀无声，之前嘲笑小朋友的那些人简直无地自容。

林克莱特率先鼓起掌来，然后进行了总结发言："有时候，孩子的想法是我们难以理解的，刚刚我们错误地理解了他的意图。"

1. 阅读完上文，你发现了林克莱特的什么优点？

_____

_____

_____

2. 身为主持人，你认为应该具有哪些基本的素质？

_____

_____

_____

第38课　博物馆里走一圈

解说 我想做个解说员

　　对很多同学来说，博物馆是一个很好的去处，既可以游玩，又可以学到很多知识。如果让你做解说员，帮助人们更好地了解与博物馆相关的知识，你会怎么讲解呢？

预备动作

1. 搜集与博物馆相关的资料，并适当整理。

2. 熟记整理好的资料。

3. 邀请家人一起，进行几次模拟练习。

小提示 　　有关博物馆的知识是十分严谨的，任何一个数据都不能出现错误。

中国人民革命军事博物馆

中国人民革命军事博物馆是中国第一个综合类军事博物馆，是向国庆10周年献礼的首都十大建筑之一。2012年9月，军事博物馆对展览大楼加固改造，2017年7月竣工。加固改造后，军事博物馆展览大楼的建筑面积为15.9万平方米，陈列面积近6万平方米。主楼建筑高94.7米，南北两侧各4层，楼顶装有直径6米的巨大的中国人民解放军军徽。全馆有43个陈列厅（区）。

军事博物馆主要收藏、研究、陈列反映中国共产党领导的军事斗争历程和人民军队建设成就的文物、实物、文献、资料，以及反映中华民族五千年军事历史和世界军事史的文物、实物、文献、资料，围绕党和国家及军队的中心工作，举办各种专题性、时事性、纪念性展览，接待国内外来宾和观众的参观访问，组织开展相关的学术研究和艺术创作，组织开展与国内外博物馆之间的业务交流。

军事博物馆文物库房的建筑面积约1.8万平方米，下设藏品库、珍品陈列室、总账室、摄影室、3D数据采集室、修复室、武器保养车间等功能区，配备恒温恒湿系统、环境监测系统、气体灭火系统、信息化管理系统、通信系统、安防系统，成为集文物管理、陈列展示、文物保护、文物信息采集和安全防范功能于一体的现代化、信息化、专业化藏品库房。

1. 根据上述内容，你对中国人民革命军事博物馆有了怎样的初步印象？

_____

_____

_____

2. 在你看来，做讲解的时候什么最重要？

_____

_____

_____

第39课　饭馆的餐具脏

投诉 学会维护自己的权益

　　在餐厅吃饭的时候，有时会遇到一些令人不太满意的情况。比如，店里的餐具清洁得不干净，店家不给开发票，等等，类似这种情况，都会对我们的权益造成损害。一旦出现这样的情况，我们该怎么维护自己的权益呢？

预备动作

1. 在爸爸妈妈的帮助下，学习相关法律条款。
2. 熟记一些维权时可能用到的电话号码，如12315等。
3. 根据实际情况，选择合理、合法的方式保护自己。

小提示　　维权的目的是保护自己的利益，抱怨和争吵是无助于达成目的的。

1. 约几个小伙伴进行角色扮演，演绎能够想到的维权场景。

2. 进行角色互换，重复练习几次，提升熟练度。

3. 变换场景，在各种不同的场景中练习各种类型的投诉行为。

小贴士　在维权的过程中，做事、说话都要有理有据，而且要注意控制自己的情绪。

第40课　遇到一个坏叔叔

自我保护 我可以保护自己

　　在复杂的社会环境中，我们要学会自我保护。在受到坏人的欺骗、威胁或伤害时，我们应该在保护好自己生命安全的前提下，尝试逃出坏人的魔爪，确保安全之后，要勇敢地向爸爸妈妈或老师说出真实的情况。这样做，才能让更多的人看到坏人的真面目，使坏人得到应有的惩罚。

预备动作

1. 多读书，学习一些自我保护的知识。
2. 向身边的成年人请教，学习保护自己的实际经验。
3. 与小伙伴一起模拟演练，增加实践经验。

> **小提示**　学习自我保护的目的是保护好自己，我们自己的人身安全应该放在第一位。

场景一：

陌生人：同学，你好。请问××路怎么走？

李晴：前面那个红绿灯右转，一直走就到了。

陌生人：大概有多远呢？

李晴：两三千米吧！不算近。

陌生人：我在这里人生地不熟的，你能不能带我过去？我可以打车的。

李晴：实在不好意思，我还有事。

场景二：

司机：你是王雪吧？

王雪：是啊，您是？

司机：我是你妈妈的同事，她临时有事走不开，让我过来接你回家。

王雪：谢谢您。我还是让老师帮我打个电话，等爸爸过来接我吧。

场景三：

陌生人：把身上的钱都给我交出来！

李然：我身上就几块钱零花钱。

陌生人：不管有多少，赶紧拿出来！

李然：好，好，好，我给你拿。

1. 你觉得这几个场景中的同学表现得怎么样？

_____

_____

_____

2. 场景三中，李然还应该做些什么？

_____

_____

_____

小贴士

　　自我保护需要掌握方法和技巧，采取针锋相对的措施，可能会让自己受到更大的伤害。

第41课　我和爸爸妈妈换角色

扮演 换个身份，体验不同的心理

在家庭生活中，家庭成员之间难免出现矛盾。如果小伙伴们感觉自己受了委屈，或是觉得爸爸妈妈对自己不够理解，那不妨试着和爸爸妈妈换一下角色，去体验一下爸爸妈妈的处境，并了解一下他们面对的问题。我们应该尽可能地给予爸爸妈妈理解与尊重，和他们一起冷静地解决家庭矛盾。

预备动作

1. 想一想，爸爸妈妈平时有哪些方面做得让你不满意。

2. 找到最主要的问题及矛盾，寻找相应的解决之法。

3. 邀请爸爸妈妈参与角色互换的游戏，并告知他们游戏规则。

4. 设想可能发生的情况，提前做好预案。

　　换角色的目的是站在对方的角度上去思考问题，所以一定要带着同理心参与到游戏中。

等会儿写作业

辰辰和爸爸玩角色互换的游戏（由辰辰扮演"爸爸"，爸爸扮演"孩子"），结果"爸爸"被"孩子"气得直跳脚。两个角色的对白是这样的：

爸爸：今天的作业写完了吗？

孩子：还差一点儿，我等下再做。

爸爸：学生的主要任务是学习，你得先把作业做完，然后再玩儿啊！

孩子：老师说要劳逸结合。

爸爸：劳逸结合是让你学习和休息相结合，你一直看手机，眼睛哪里得到休息了？

孩子：我再看一会儿，马上就写作业。

爸爸：马上是多长时间？

孩子：看完这一集。

爸爸：每次都说看完一集，哪次不是看个没完？

孩子：这次说到做到。我等会儿就去写作业。

爸爸：好吧，再相信你一次。

半个小时之后，"孩子"仍然在看手机，"爸爸"气不过，直接抢过了"孩子"的手机。

1. 在上面这个游戏中，"爸爸"和"孩子"之间的沟通为什么会失败？

_____

_____

_____

2. 如果是你，你会怎么扮演"爸爸"的角色呢？

_____

_____

_____

第42课　老师，谢谢您

感谢 拥有一颗感恩的心

　　老师不仅传授给我们知识，还教会我们人生的道理。向老师表示感谢，不仅是一种尊重和礼貌，更是一种发自内心的情感表达。

　　向老师表达谢意时，我们需要做些什么呢？

预备动作

　　1. 回想一下老师照顾我们的点点滴滴，整理出让人感触最深的部分。

　　2. 给老师准备一张卡片，将感谢的话写在上面。

　　3. 打好腹稿，在赠送贺卡的同时向老师表达谢意。

小提示　　真诚表达，更能彰显我们对老师的爱。

谢谢您，老师

亲爱的王老师：

　　您辛苦了！

　　感谢您一直以来对我的教导和帮助，使我的学习成绩有了很大提高。

　　回想我刚刚转学过来的那段时间，几乎所有的学科我都跟不上进度，考试的时候几乎没有一科能考及格。我当时很着急，可我越是着急，熬夜补进度，学习成绩越差。在我迷茫无助的时候，是您帮我补习，帮我梳理知识体系，帮我调整心态。在您的辅导和帮助下，我的成绩慢慢提高了，也能跟上同学们的进度了。

　　现在，我不再像以前那样惴惴不安。这一切，都要感谢您！当然，我也知道，眼下的成绩并不令人满意，我还有很大的提升空间。请您相信我，我一定会再接再厉！刻苦学习！

　　1. 上面的感谢词，你觉得有什么优缺点？

_____

_____

_____

2. 在你的印象中，老师给你最大的帮助是什么？写一写，讲一讲。

_____

_____

_____

第43课　我有一个小秘密

悄悄话 嘘，这是咱俩的秘密

　　每个人都有属于自己的小秘密，大多数情况下，我们会把这些秘密放在内心深处。如果谁把自己的秘密告诉你，那说明他对你非常信任。对于听秘密的人来说，这是一种高度的认可。而对于想要说出秘密的人来说，如何表达才能让对方不至于产生太大的心理压力，则是需要认真思考的问题。

预备动作

　　1. 找几个想要跟小伙伴们分享的属于自己的秘密。
　　2. 寻找合适的时机和地点，分别与不同的小伙伴分享不同的秘密。

小提示 如果所有人都知道同一个秘密，那就不是秘密。所以，要跟不同的人分享不同的秘密。

两个人的秘密

林阳和张帆是关系密切的朋友，两个人经常一起上学、学习、玩耍。

一天，林阳神秘兮兮地对张帆说："我有一个秘密要告诉你。"

"什么秘密啊？"张帆好奇地问。

"前不久，我新交到一个外国朋友。"林阳压低声音说。

"哦？他长什么样？你们是怎么认识的？"张帆继续追问。

"他是西班牙人，跟他爸爸一起来的中国，跟我住在一个小区。他有一头金色的头发，皮肤很白，性格很开朗，头脑很聪明。"林阳说。

"你怎么知道他很聪明？"张帆有点儿疑惑地问。

"他刚来中国半年，就已经能说简单的中文了。你说厉不厉害？"林阳兴奋地说。

"那是很厉害。有时间的话，把他介绍给我认识吧，我正想学西班牙语呢！"张帆也很兴奋地说。

"好啊，改天介绍你们认识。这是咱俩的秘密，别跟别人说哦！"林阳嘱咐道。

"嗯，一言为定。"张帆高兴地点点头。

1. 根据林阳的描述，你对他的西班牙朋友产生了什么样的印象？

_____

_____

_____

2. 你会跟谁分享自己的秘密？

_____

_____

_____

3. 与爸爸妈妈分享一个自己的秘密。

第44课　做一个小小的辩论能手

辩论 思维敏捷，巧舌如簧

　　辩论中的唇枪舌剑，是辩论吸引人、令人激动的原因。要想在辩论中获胜并说服对方，不仅要运用好各种辩论技巧，更要以丰富的知识和缜密的思维作为基础。在辩论的过程中，时刻保持清醒的头脑，以理性的思维应对，才可能取得理想的结果。即使结果不尽如人意，但在交流的过程中能够有所学习、有所进步，那辩论也是非常有意义的。

预备动作

1. 根据辩论主题，搜集相关资料。
2. 了解对方辩手的特点和辩论习惯，做出有针对性的部署。
3. 演练辩论过程，熟悉整个流程。

里根的辩论

在第一个总统任期即将结束的时候，里根参加竞选，谋求连任。他的主要竞争对手是沃尔特·蒙代尔，两个人在竞选中进行了辩论。

在辩论的过程中，蒙代尔在年龄上大做文章。他说自己年富力强，很有魄力，有足够的精力去处理国家事务；而里根已经很老了，根本不适合再担任总统一职。

当时的里根已经73岁，虽然精神不错，但是和蒙代尔比起来，确实老了许多。里根虽然对蒙代尔的表述有所不满，但仍以"伟大的沟通者"的姿态，语重心长地对听众们说："蒙代尔说我年龄太大，精力不足，这是事实。但是我想，我是不会在竞选中利用他年轻、阅历不足之类的问题来做文章的。"

里根说完之后，听众们立刻报以热烈的掌声。这场辩论之后，里根成功获得了连任，而蒙代尔只能因自己的硬话而暂时退出政治舞台。

1. 里根的辩论方式给你带来了什么启示？

_____

_____

_____

2. 想一想你曾有过的辩论经历，并给家人或小伙伴讲一讲。

第45课　给朋友的一封信

写信 等待是一种幸福

　　在通信方式还不发达的时候，写信是人们最常用的一种沟通方式。虽然随着科学技术的迅猛发展，写信这种方式已经逐渐被人们遗忘，甚至很多小伙伴连信纸都没见过，但是，写信依然有其存在的价值。在练习表达能力时，它会对小伙伴们有所帮助。

预备动作

1. 准备信纸、笔、信封、胶水、邮票等。
2. 梳理一下思绪，大致列出想要写的内容。

小提示 　　邮寄信件需要的时间较长，如果事情比较紧急，这种方式并不合适。

一封信

多多：

好久不见，见字如面。

不知道你最近的生活怎么样？收到你的来信之后，一直想要给你回信。可是，前段时间忙着准备期末考试，还有一些课外活动，所以迟迟没有抽出时间。真是非常抱歉。

收到你的来信我十分开心，得知你比赛获奖的消息，更是替你高兴。一直以来，你都坚持学习，努力向上，如今这几年的努力终于有了回报。

向你表示祝贺的同时，我也要向你学习。在课堂上，我要更加集中注意力；在课余时间，我要珍惜时间；在家里，我要帮妈妈分担更多的家务……总之，我要以你为榜样，全面提升自己。让我们一起加油，共同进步。

上周，我们进行了期末考试，我考得应该还不错。等我下次给你写信时，考试成绩就该出来了，到时候再跟你分享。你们应该也要期末考试了吧？非常希望你能取得好成绩。

祝

笑口常开！学习进步！

嘟嘟

×年×月×日

1．阅读这封信之后，你觉得嘟嘟和多多的关系如何？

_____

_____

_____

2．说一说自己的意见，你觉得嘟嘟的表述有什么不足之处？

_____

_____

_____

小贴士　　用书信进行沟通，时效性虽然不强，但是信件可以保存下来，更具有纪念意义。

第46课　陌生人，你好

陌生人 开口发声，陌生人变朋友

　　无论我们身边有多少好朋友，在最初的时候，他们对我们来说也都是陌生人。从这个角度来说，与陌生人沟通，其实是一件很普通的事情。只要掌握沟通的重点和要点，与陌生人交流就不会很困难。

预备动作

　　1. 想象或回想一个场景，体会一下见到陌生人的感受。

　　2. 给自己设计一个开场白，用于尝试与陌生人沟通。

　　3. 设想在沟通过程中可能遇到的问题，并找到相应的解决方案。

小提示　　陌生人并不可怕，只要提前做出预案，那么在遇到某些问题的时候，就不会陷入窘迫的境地。

找工作

安德森是一名新闻系的毕业生，正忙于四处寻找工作。

一天，他来到一家报社，拜访总编先生："您好！请问贵社有空缺的编辑职位吗？"

"没有。"

"那记者呢？"

"也没有。"

"那么校对呢？"

"没有。事实上，我们现在没有任何空缺的职位。"

"那好吧。我想，您这里肯定缺少这个。"安德森边说边从包里拿出一块精致的木牌，木牌上写着"额满，暂不雇用"。

总编看了一眼牌子，会心地笑了笑，说："如果你愿意，我们的广告部倒是需要一个人。"

通过一块精致的木牌，安德森展现了自己的乐观精神，由此让总编对他产生了极佳的第一印象和浓厚的兴趣，自己也获得了一份令人满意的工作。

1. 读完上面的故事，你从安德森与总编的对话中得到了什么启示?

_____

_____

_____

2. 当你觉得对陌生人的恐惧减少了很多，那就试着走上街头，与陌生人多多沟通吧！

小贴士

与陌生人沟通有很多技巧，用幽默的方式往往更容易化解陌生人之间的隔阂。

第47课　试着当回和事佬

劝说 了解真相之前，不随意开口说话

　　生活中，发生争执的情况并不鲜见。争执双方各执一词，激烈争辩，却对解决问题毫无帮助。这种情况下，试着劝说双方冷静下来，恢复平静的心态，才能让事态缓和下来。那么，如何劝说才能使双方恢复平静呢？

预备动作

1. 了解双方争执的原因，分析造成争执的根源所在。
2. 观察争执双方的表现，了解双方情绪的变化情况。
3. 梳理思路，选择恰当的劝说方式。

> **小提示**
> 　　处于争执中的人，往往难以掌控情绪。我们应该首选情绪相对平稳的那个人作为劝说对象。

谁的错

芃芃和森森在同一个值日小组，两个人常常一起打扫班级卫生。

芃芃每次做值日都非常认真负责，把桌子擦得一尘不染。森森则截然不同，做事情喜欢敷衍了事、自欺欺人。

就因为态度问题，两个人做值日时总会产生一些小摩擦。

这一天，又轮到两个人值日了。芃芃发现森森根本就没擦桌子之后，立刻就爆发了。

芃芃："你每次都在糊弄，这次更过分！我要告诉老师！"

森森："你做事认真？就会打小报告！"

芃芃："你才就知道打小报告呢！我是看不惯你这么不负责任。"

森森："在擦桌子这种小事上浪费时间，根本就没有意义。有时间多学习一会儿不好吗？"

芃芃："学习是学习，值日是值日，这是两码事。"

森森："我的时间都是用来干大事的，这种小事我根本就看不上！"

芃芃："小事都做不好，还想做大事，简直是异想天开！"

……

两个人吵了很久，值日都没人做了。

1. 故事中的芃芃和森森，你更支持谁？为什么？

_____

_____

_____

2. 如果让你去劝说，你打算怎么说？

_____

_____

_____

第48课　只闻其声，不见其人

语音通话 用声音传递情感

　　随着电话的普及，人们面对面沟通的机会越来越少，很多时候，人们之间的交流，都是通过电话进行的。在进行语音通话的时候，其感受与当面交流会大不相同，无法做到察言观色，因此，在沟通中必然需要更加谨小慎微。

预备动作

1. 翻一翻电话簿，找一找已经很久没有联系的小伙伴。

2. 确定联络目标，回想一下他的特点、喜好等。

3. 根据目标的情况，简单做一个通话摘要。

4. 熟悉相应的情况，做到心中有数。

小提示　　在打电话的过程中，如果电话那头的人听不出你的声音，千万不要着急，慢慢说就好。

善意的谎言

迈克上学的时候需要住校，每两个星期才能回家一次。在不能回家的那个周末，他总会给妈妈打个电话，向她报个平安。

每一次，妈妈都会嘱咐他要按时吃饭，钱不够了和家里说，还有好好学习之类的话。迈克听到妈妈的话，总是十分开心地回应说食堂的饭很香，每次都能吃很多，在学习方面会加倍努力，尽力取得最好的成绩。

可是实际上，迈克为了省钱总是省吃俭用，因为他知道妈妈挣钱不容易。每到放假回家的时候，迈克通常不愿意跟妈妈有太多的交流，唯恐妈妈发现什么破绽。

1. 从短文中，你能看出语音通话存在什么缺陷吗？

_____

_____

2. 对于迈克的做法，你有什么看法？写一写，说一说。

_____

_____

_____

　　在进行语音通话的时候，对方有可能正在忙别的事，偶尔的分心是可以理解的。

第49课　一次快乐的视频聊天

远程沟通 远在天边，近在眼前

　　如今，微信已经成为十分普遍的沟通软件。通过微信，人们几乎可以与世界上任何一个角落的人进行视频远程沟通。这种沟通方式，不仅节省了时间，还很便捷。那么，在进行远程沟通的过程中，我们需要注意些什么呢？

预备动作

1. 与对方提前约定视频聊天的大概时间。

2. 约定的大概时间到来前，要询问对方具体的时间。

3. 调整情绪和状态，以良好的姿态示人。

小提示　　提前和对方商定视频通话的时间，是一种尊重对方的表现。即便是与家人通话，也应该选择合适的时间。

1. 与小伙伴一起模拟比较常见的视频通话的场景。

2. 选择一些比较特殊的场景，如与国外朋友通话等，有针对性地练习。

3. 复盘整个通话过程，总结自己在表达中的不足之处。

小贴士

视频通话与面对面地沟通几乎相差无几，表情和情绪都会被对方察觉到，因此我们要做好情绪管理。

第50课 向"抗疫"前线的白衣天使致敬

录制视频 真实记录当下这一刻

白衣天使是我们健康的守护神，当身体出现不适的时候，白衣天使们总会出现和陪伴在我们身边。在某些特殊情况（如突发地震灾害、洪水来袭、疫情暴发等）下，白衣天使们更是第一时间冲上前线，成为最美的逆行者。

他们是一群让人尊敬的勇士，为他们录制视频，向他们表示敬意，给他们精神上的支持吧！

预备动作

1. 写一段录制视频的台词，将想说的话都融合进去。
2. 读几遍台词，提升表达的流畅度，并形成深刻的印象。
3. 准备好录制设备。

最美的天使

抗疫前线的医护人员：

你们辛苦了！

我在电视上看到了你们的事迹，内心十分震撼和感动。你们为大家，舍小家，无私无畏地为病人医治疾病。你们不惧危险，在风险极高的岗位上挥洒自己的汗水、泪水和热血。你们为我们筑起了一道安全的围墙，却将自己暴露在危险之中。

你们是这个世界上最美的天使，有你们在，我感觉好安心、好幸福！

有时，看着你们疲惫的身影，我真想冲过去帮你们一把。可是，我知道，年幼的我尚没有那个能力。我能做的，就是踏踏实实待在家里，用这样的方式为你们减少可能出现的麻烦。尽管我不能与你们站在一起，但是我的心始终与你们在一起。感谢你们为我们所做的一切，期待你们早日安全回家，与想念你们的家人团聚。再次感谢你们！你们辛苦了！

1. 在上述台词中，有哪些内容让你深受触动？

_____

_____

_____

2. 对白衣天使们，你有什么想说的？

_____

_____

_____

3. 完善一下自己写的台词。

第51课　阿姨，我家着火了

火警 发生火灾拨打119

在学校里，我们学到了很多关于安全方面的知识，火灾自救就是其中很重要的组成部分。我们对家中出现火情时的处置措施应该十分清楚，可是，在真实场景中，人的头脑难免会变得混乱，想要准确地将信息传递出去，平时的演习自然必不可少。

预备动作

1. 邀请小伙伴一起参与演习，每个人轮流扮演不同的角色。

2. 一轮演习结束之后，讨论一下演习中出现的问题及解决办法。

3. 与消防员做朋友，通过他们了解更多的消防知识。

家里着火了

淼淼：您好，119。我家冒烟了，着火了。

接线员：你家有大人吗？让大人接一下电话。

淼淼：我家没有大人，只有我自己。你们赶紧来吧！

接线员：好，我知道了。你家的地址是哪里？

淼淼：××市××区××小区××号楼××单元××室。

接线员：你家里哪里着火了？

淼淼：厨房。我现在在客厅。

接线员：你能打开家门吗？

淼淼：能。

接线员：那你先出去，别在家里待着了，消防员很快就到。

淼淼：好，谢谢！

1. 看完淼淼报火警的过程，你得到了什么启示？

_____

_____

_____

2. 打完电话之后，淼淼还应该做些什么事情？

_____

_____

_____

3. 模拟相关场景，看看自己做的有哪些不足。

突发火情时，保持冷静很关键，把信息交代得越清楚，消防员就越能准确地找到位置。

第52课　爸爸昏过去了

急救 牢记120，需要急救就拨它

随着我们不断地成长，爸爸妈妈的年纪越来越大，身体机能不断下降。如果有一天，不幸发生了意外情况，爸爸妈妈因疾病的原因失去了意识，我们应该怎么帮助爸爸妈妈呢？

预备动作

1. 熟记爸爸妈妈的姓名、血型等。
2. 简单了解一些应急的医学知识。
3. 学习打急救电话，知道如何清晰地描述情况。

小提示 需要急救的情况下，每一秒钟都很宝贵，言简意赅、准确无误地阐述信息，能给生命带来更大的转机。

救救我爸爸

柯柯正在家里和爸爸一起做游戏，爸爸突然间昏倒在地。柯柯急忙拿起电话，拨打了"120"。

柯柯："您好，我爸爸突然昏倒了，请你们派救护车过来。"

接线员："好，我知道了。你家的地址是哪里？"

柯柯："××市××区××小区××号楼××单元××室。"

接线员："你检查一下爸爸的呼吸顺畅吗？"

柯柯："呼吸顺畅。"

接线员："你爸爸平时有什么疾病吗？"

柯柯："他有心脏病，一直在吃药。"

接线员："明白了。我们尽快赶到。你关注一下他的呼吸情况，有什么变化及时给我们打电话。"

柯柯："好的。"

1. 柯柯的处理方式，你觉得怎么样？说出理由。

_____

_____

_____

2. 换作你，你会怎么打这个急救电话？

辅助阅读答案

第1课　准备一个笔记本

1. 日复一日、凿壁偷光。

2. 主要讲了匡衡勤奋刻苦借光读书的故事。

第4课　平复心情好好说

1. 想要得到别人的善待，就要先善待他人。

2. 友好的态度更受别人欢迎。

第5课　我和别人不一样

1. 介绍得很详细，而且还表达了自己希望和大家成为朋友的愿望。

2. 自己的兴趣和爱好。

第6课　听我说说家乡美

1. 桐庐县城的面积大小、人口、地理位置以及桐君山四周的景色。

第7课　我最喜欢的人

1. 公明仪是一个喜爱音乐、对曲子痴迷，一心想证明自己音乐天赋的人。

2. 再好的才华在不懂的人面前也得不到欣赏。

第8课　历史上的今天

1. 7月1号。

2. 军旗上有黄色五角星及"八一"两个字，五角星代表中国共产党，整个图案表示中国共产党打响南昌起义第一枪。

第9课 好久不见，特意拜访

1. 马丽挑选了笔记本当作礼物，并在笔记本上写上了祝福、趣事，出发前穿上了漂亮的衣服。

2. "叔叔阿姨，你们好！""叮当，见到你真开心，太想你了，看，我给你带了礼物！"

第10课 你先说完，我再说

1. 场景二中的表达方式。因为场景二中的甲懂得赞赏别人，善于倾听并保持谦虚的态度。

第11课 讲一个好听的故事

1. 农民根据约定种植有利于自己的作物，让自己获得果实。

第14课 我是"传声筒"

1. 没有。

2. 想让豆豆和欢欢做主持人被误传为确定是他俩，统计班里同学想要表演的节目把班里的同学漏掉了，最后漏掉了交给谁、交到哪里去。

第15课 大家一起玩游戏

1. 不会，描述得不够清楚。

2. 没有说清楚老狼站在哪以及行走的方向。应该是老狼站在横线前，并背对着大家。开始后，大家跟前面老狼的方向走。

第16课 打个电话问一问

1. 场景二的方式好。因为场景二中的咨询方式比较详细且有一定的准备。

2. 营业时间、游玩项目、周边饮食等。

第18课　加入足球小组吧

1. 场景二的邀请方式，因为邀请的态度真诚。

2. 邀请他人要用征询的口吻而不是命令式的口吻，且要表现出自己的真诚。

第19课　同学，你是最棒的

1. 有。比如同学说我画画好，然后我就更加认真地学习画画并每周画一张送给他。

2. 即使是自己不喜欢的人也有他的优点，比如学习好、体育好，或者是业余爱好很优秀，这些都是值得赞美的。

第20课　阿姨，我找不到爸爸妈妈了

1. 他表现得很冷静。因为他不慌不忙地走到售票处，寻求售票员的帮助。

2. 首先不能着急，要保持冷静，然后向穿制服的工作人员寻求帮助。

第21课　咱俩能换一天值日吗

1. 还不错，但可以做得更好。比如先说帮忙，然后说出原因，最后提出更换值日安排。

2. 找人帮忙时，一起出去玩时，想要买喜欢的东西时，等等。很多事情经过商量后会做得更完美。

第22课　走，一起去秋游

1. 外出旅游，安全最重要。在鼓励同学克服困难的同时也要顾及安全。

2. 多介绍一些爬长城的注意事项。

第23课 这本书很好看

1. 首先要了解海明威这个人和他的作品，最好是对读过的作品进行推荐。

2. 没关系，每个人喜欢的东西都不一样，如果不喜欢可以换一个推荐，或者让对方说说不喜欢的原因，也可以让对方给自己推荐。

第24课 心事放在日记里

1. 不仅记录了一天发生的事，还写出了自己的感受。

2. 能成为少先队员，自然是一件很自豪、高兴的事。

第25课 这道题的思路是……

1. 做题要认真审题，读懂了题目再分析问题，解题要细心，最后要认真检查。

第26课 垃圾分类好处多

1. 梦想人人生而平等，无论是黑人，还是白人都能像兄弟一样携手并行。

2. 语言激越、生动，使用大量比喻、排比等修辞手法，增强了语言的气势。

第28课 这些诗，越读越有趣

1. 对气节的崇高追求，对革命的坚定不移。

2. 音韵嘹亮、感情炽热、气势豪迈、意境壮美，处处透露着诗人的高尚情操。

第29课 别难过，我陪你

1. 原意。因为遇到事情向好朋友倾述，能让自己的心情好起来，所以应该敞开心扉。

2. 多倾听、不教训、不揭伤疤。

第30课　对不起，这是我的错

1. 犯了错误要勇于承认，这样才能得到别人的信任和赏识。

第31课　他是这样一个人

1. 皮肤细嫩、相貌美丽。

2. 把一粒豌豆放在床垫下，只有真正的公主才拥有这么细嫩的皮肤，并感受到豌豆的存在。

第32课　不逆耳的忠言

1. 委婉地劝诫比责骂更有效果。

2. 委婉的批评让人不丢面子，更受人欢迎。

第34课　聚会上的闲聊

1. 不会，因为经常抱怨的人容易遭人烦。

2. 可以引导对方聊一些有趣的事，或者自己提出一些有意思的话题。

第36课　拒绝的艺术

1. 不要不好意思，有时候拒绝别人并不是自私，而是为了不让自己陷入困境。

2. 帮助别人要量力而行，要学会拒绝别人不合理的要求。

第37课　我是活动主持人

1. 能耐心地给孩子说话的机会并懂得赞赏孩子。

2. 普通话要标准，要有敏锐的观察力、应变能力以及良好的学识修养。

第38课　博物馆里走一圈

1. 建筑面积、陈列面积大，有4层展厅，共43个陈列区。

2. 表达要流畅，解说要生动。

第40课　遇到一个坏叔叔

1. 表现都不错，很有安全意识。

2. 记住陌生人的相貌，等陌生人离开后立即报警。

第41课　我和爸爸妈妈换角色

1. 爸爸一直在说教，而不是引导，孩子自然不愿听了。

2. 改变说教的方式，学着用不抵触的温暖话术进行沟通。

第42课　老师，谢谢您

1. 写出了对老师的感谢之情，可以再列举一些感动的瞬间。

2. 老师积极的肯定和鼓励，让我有了学习的自信。

第43课　我有一个小秘密

1. 金色的头发、白皮肤，性格开朗，头脑聪明。

2. 最好的朋友。

第44课　做一个小小的辩论能手

1. 有时候劣势也可以转变为优势，辩论时不要过多地对自己的劣势进行辩解，而是将问题引向别人的劣势。

第45课　给朋友的一封信

1. 是关系非常好的朋友。

2. 夸奖多多的话说得不够亲切，表示自己向多多学习的内容也有点空泛。

第46课 陌生人，你好

1. 任可时候都要保持乐观。

第47课 试着当回和事佬

1. 芃芃，因为他做事认真负责。

2. 我会跟森森说："我们是不是好朋友？是好朋友就应该一起把事情做好。"

第48课 只闻其声，不见其人

1. 看不到对方的表情，无法了解对方真实的状况。

2. 迈克是一个很懂事的孩子，用善意的谎言让妈妈不为他担心。

第50课 向"抗疫"前线的白衣天使致敬

1. 你们不惧危险，在风险极高的岗位上挥洒自己的汗水、泪水和热血。

2. 敬佩你们的无私无畏，你们是最可爱的人。

第51课 阿姨，我家着火了

1. 熟记火警电话，发生火灾立即报警；在接线通话过程中要沉着冷静，按照消防员的指示行动。

2. 快速离开着火现场，等待救援。

第52课 爸爸昏过去了

1. 柯柯的处理方式很合理。因为他能够沉着冷静地拨打急救电话，并清晰地与接线员沟通信息。